Lexicon of
Law Terms and Expressions
English to Arabic Translations
2020

معجم المصطلحات والتعابير القانونية

Over 8276 Words and 1112 Terms about
the Challenges of Today's Law Translations
Yassine El Bouknify
Hannah Farrah Granahan

Notes from the Translator

Why a new English-Arabic glossary when it is so easy to translate a text with an online translation program? Because none of them can produce the specific and precise translation as those done by professional translators. It is well known that this is one area in which artificial intelligence and robots cannot totally replace humans. Whether you are a translator, a speechwriter or an editor, a student, whether you work for a UN organization, a peacekeeping operation, an international law court, or in the international relations and law world, it is necessary that you be certain of the best and most accurate translation of each term you might encounter. This glossary, far from being exhaustive, includes more than 8276 words and 1112 terms and expressions that you will certainly encounter during your studies or career.

Yassine El Bouknify- Translator

My mother tongue is Arabic, and I graduated as an English student in 2018. Nowadays, I work as an English◇Arabic full-time translator and editor. I have already translated many videos and books for Suehila Smith, who makes videos on YouTube, and I am willing to share samples upon request. In addition to that, I would like to express my gratitude for Rania Boustar—one of my dear colleagues at college— who supported me during the death of my mother in 2015, and whose support has been invaluable for years. For more information, you can e-mail at: yassinelhard9@gmail.com

Hannah Farrah Granahan- Editor

My mother tongue is English (British) and I have dedicated a lot of my life to learning languages. I pursued Translation Studies at UEA (Norwich, England), specializing in French and Spanish. I graduated in 2015 and since then I gained valuable experience within translation companies, having worked part time as a freelance translator and interpreter in London. I have translated videos from Spanish and French into English, and have translated and proofread a number of EU based articles and environmental texts. I am currently an English language teacher, yet I manage to strike a fine balance between my work and my linguistic pursuits outside of the classroom. It has been a pleasure to co-edit this glossary and collaborate with Yassine on the various English terms encountered in the rapidly growing lexical field of Law.

Notes from the Editor

I am solely responsible for editing the English terms in this glossary. There is a contents page included, numbering the different alphabetized sections. Translators will notice that the general grammatical form of the translated terms is nouns, many of which are proper nouns. A number of Law clauses have been included, which commonly appear in judicial contracts. Translators should also take note of the acronyms in brackets.

Contents

4

A

A breach capable of remedy: في حالة وجود خرق يمكن إصلاحه أو في حالة وجود خلل يمكن علاجه

A company under procedure: شركة ملاحقة قانونيًا أو شركة تخضع للتحقيق

A draft laid under subsection (2): مسودة قانون مدرجة تحت المادة رقم 2

A line of credit: حد الإئتمان الأقصى

A lump sum order: أمر بمبلغ إجمالي محدد أو طلب بمبلغ مقطوع

A person guilty of an offence: الشخص المدان بالمخالفة

A property adjustment order: طلب/ أمر تعديل الملكية

A prove-up hearing: جلسة تثبيت / إقرار الحكم

A record review: مراجعة السجل

A way forward: سبيل للتقدم/للمضي قُدما

Above-the-line media: مصاريف الإعلان في وسائل الإعلام

Absent of extraordinary circumstances: في غياب الظروف الاستثنائية

Absolute discharge: إفراج مطلق

Absolute owner: المالك الفعلي / الحقيقي

Abu Dhabi Commercial Conciliation and Arbitration Centre (ADCCAC): مركز التوثيق والتحكيم بغرفة تجارة أبو ظبي

Acceptance statement: بيان/خطاب موافقة/قبول

Accepted at the hands of both parties: مسلّم ومقبول لكلا الطرفين

Account party: طالب الضمان

Accounting and Corporate Regulatory Authority (ACRA): هيئة تنظيم المحاسبة والشركات

Acknowledgement and release: إقرار ومخالصة

Acting notary: كاتب العدل بالنيابة

Acts of the elements: العوامل الجوية

Addendum log: سجل الملاحق

Additional two months gross salary: بالإضافة إلى إجمالي الراتب لشهرين

Adherence undertaking: تعهد بالالتزام/التطبيق/التقيّد

Administrative, logistic and sales services agreement: اتفاقية الخدمات اللوجيستية والإدارية وخدمات البيع

A process of agreement of creditors or a contest of creditors: دخلت الشركة في اتفاق مع الدائنين أو أن هناك طعون مقدمة منهم

Adoptive placement agreement: اتفاقية تعيين التبني/اتفاقية التبني

Adverse publicity: دعاية عدائية/مضادة

Adversely affected to honor its agreement: أثر سلبا للالتزام بالاتفاق

Advising: تقديم الاستشارات

Aerostructures composite: مركبات هياكل هوائية

Affirmatively established: متأكد منها/من وجودها/مثبتة

Age breakdown: تفصيل الفئات العمرية / التصنيف حسب العمر

Agency agreement French market: عقد وكالة السوق الفرنسية

Agreement with creditors: اتفاقية تسوية الديون

All dispatches of the correspondent week: جميع إرساليات الأسبوع الموافق

Allied and ancillary rights: الحقوق المرتبطة ببعضها / المتحدة والحقوق الثانوية / الإضافية التابعة

All-or-none underwriting: الاكتتاب بالكامل أو لا شيء

Amnesty for truth programs: برامج العفو للكشف عن الحقيقة

Amounts arising under this agreement: المبالغ المقررة بموجب هذه الاتفاقية

An act whereof being requested: بناءً على الطلب المقدم

An insured State bank: مصرف/بنك مكفول من الدولة/الولاية

An obligation of aliment: حق الإعالة عليه واجب/التزام الإعالة

Antenna simulation: محاكاة الهوائيات

Anti-bribery: مكافحة الرشوة

Antitrust laws: قوانين مكافحة الاحتكار

Any course of dealings: أي تعامل تجاري

Any designated place of hearing: في أي مكان يقرر/يعين لجلسة الاستماع

Any one year term: أي فترة مدتها سنة واحدة

Appeal a judgment: يستأنف حكما

Appeal against the decision to the Crown Court: الطعن في القرار أمام محكمة الجنايات

Appeal against: يتقدم باستئناف ضد/يستأنف

Appeal Hearing Judges: قضاة الاستئناف

Appeal judgment execution: تنفيذ حكم الاستئناف

Appearance and waiver : نموذج الحضور/المثول والتنازل

Appearance release form: نموذج اتفاقية تعاون أو رعاية أو ظهور

Applicable agencies: الوكالات ذات الصلة

Applicable law: القانون المعمول به

Applicable reporting rules: قواعد الإبلاغ المعمول بها

Application levels: مستويات الإضافة

Application system survey: استفتاء نظام التطبيق/الاستعمال

Application whitelisting: إدراج التطبيق في القائمة الآمنة

Apply suitable rates: يتم استخدامه بمعدلات مناسبة

Arbitral award: قرار هيئة التحكيم

As provided for by the regulation in force: تماشيا مع ما تنص عليه الأحكام المعمول بها/ وفقاً لما تنص عليه الأحكام المعمول بها

Asian Ombudsman Association: جمعية ديوان المظالم الآسيوية

Assignments: مستحقات/مصروفات/ مخصصات

Assistant authentication officer: الوكيل المساعد لشؤون التوثيق

Assistant registrar: مسجل مساعد/أمين السجلات المساعد

Associate general counsel: المستشار القانوني المعاون

Association and duties: وواجبات صلات

At cost: بسعر التكلفة

At law or in equity: طبقاً للقانون أو قواعد العدالة المطلقة

Attribute heading: خصائص هذا البند

Authorized governmental organs: الأجهزة الحكومية المعتمدة

Authority of any instrument, act or deed: حجة مادية تتمثل في وثيقة/صك أو عقد أو سند

Awarding process: عملية إرساء العطاء

B

Back to back basis: على أساس متتابع / على أساس التنفيذ بشكل متتابع

Bail hearing: جلسة كفالة

Bail payment: سداد الكفالة

Bailment agreement: عقد إيداع

Before making regulations under subsection (4): قبل وضع اللوائح القانونية بموجب البند الفرعي رقم 4

Bill cheque discounting: خصم الشيكات والفواتير

Bill of lading: بوليصة الشحن

Billing cycle: دورة فوترة

Binding actions: إجراءات/ أعمال ملزمة/إجبارية

Blacklisting the company: قيد الشركة في السجل الأسود

Blanket tax: ضريبة شاملة

Block visa: تأشيرة جماعية

Board of Governors of the Federal Reserve System: مجلس محافظي الاحتياطي الاتحادي الفيدرالي

Board of Grievance: ديوان المظالم

Body corporate: شخصية اعتبارية

Body politic: ائتلاف اجتماعي

Bona fide commercial reasons: أسباب تجارية حسنة خالصة

Bona fide legal proceedings: الدعاوى القضائية المرفوعة بحسن نية

Bonding capacity: حجم أو قيمة الكـفالة/السند

Booking contract: عقد حجز

Border: الحاشية

Branded entertainment arrangements: تسويق العلامات التجارية داخل محتوى ترفيهي

Breach of a disqualification: إخلالا بفقدان الأهلية

Breakdown of remuneration: مفردات الراتب

Bridge facility & term facility: تسهيل قصير الأجل وتسهيل طويل الأجل

Briefing session: اجتماع تلقي التعليمات

Bringing cases to court: إحالة القضايا إلى المحاكم

Budget, public accounting and storehouses by-laws and amendments: لائحة الميزانية والحسابات والمخازن وتعديلاتها

Burden of proof: عبء الإثبات

Bureau of Hearings and Appeals: دائرة الجلسات والاستئناف

Business and asset purchase agreement: اتفاقية شراء الأعمال والأصول

Business code of conduct and ethics: قواعد السلوك وأخلاق المهنة في الأعمال

By royal authority: بموجب التفويض الملكي

By virtue of these presents: بموجب هذه الوثيقة/ بمقتضى هذا التوكيل

By way of deed: بموجب المستند

By way of release: عن طريق إفراج

C

Call option agreement: اتفاقية حق الخيار في الشراء/ اتفاقية خيار الشراء

Calls on shares: مطالبات على الأسهم

Cap 50: الفصل رقم 50

Caption: بند/ بيان/ تعقيب

Carriage and insurance paid to: أجور النقل والتأمين مدفوعة

Case against Mr. X: القضية المرفوعة ضد السيد X

Case weights: أعباء القضية

Cash flow: تدفق نقدي

Cause of action: سبب إقامة الدعوى/ سبب التداعي

Central Adoption Registry: السجل المركزي للتبني

Central Agency for Public Mobilization And Statistics: الجهاز المركزي للتعبئة العامة والإحصاء

Central file maintenance: الإدارة المركزية لحفظ الملفات

Certificate of execution of service: شهادة تنفيذ الخدمة

Certificate of formation: شهادة تأسيس أو إنشاء

Certificate of free sale: شهادة السماح بالبيع

Certificate of grounds: شهادة تخصيص أراض

Certificate of incorporation: شهادة/وثيقة التأسيس

Certificate of material acceptance: شهادة قبول المواد/شهادة الموافقة على المواد

Certificate of resolutions: بيان بالقرارات

Certificate of substantial completion: شهادة الإنجاز الفعلي

Certification of absence of litigation regarding leasing matters against a certain party: شهادة بعدم وجود منازعات قضائية إيجارية ضد شخص معين

Certified copy of an entry: نسخة معتمدة من شهادة القيد/ نسخة موثقة من شهادة القيد

Certifying letter: خطاب التصديق

Chamber Magistrates: مرشدون قضائيون/مرشدو شؤون قضائية

Change authorization to the statement of work: تصريح تغيير على بيان الأعمال

Channel parties: شركاء قنوات التوزيع

Charge the undertaking: تكليف المنشأة/ إلزام المنشأة بالدفع

Charge: برهن/يوقف

Charter party: عقد مشارطة إيجار

Chemical, Biological, Radiological, and Nuclear facilities: المنشآت الكيميائية والبيولوجية والإشعاعية والنووية

Cheques on a yearly basis: الشيكات مؤرخة على أساس /بنظام سنة بعد سنة

Circular resolution: بالتمرير

circumstances giving rise: الظروف/الأحوال/الملابسات التي تؤدي إلى

CIS package: حزمة صحيفة معلومات العميل/ الزبون

Civil defense: الدفاع المدني

Civil procedure rules: قانون الإجراءات المدنية

Civilian nuclear development: تطوير الأنشطة النووية المدنية

Class action: دعوى جماعية

Class reserves: الفئات المحجوزة

Clauses that survive termination of agreement: البنود التي من طبيعتها أن تبقى سارية المفعول/نافذة بعد انتهاء هذه الاتفاقية/هذا العقد

Clear any waiver: إلغاء أي إعفاء

Close of business: نهاية ساعات العمل اليومي

Closed check: شيك مقبول الدفع

Coding: الترميز/التكويد

Co-investor: مستثمر متضامن/شريك

Collateral estoppel: ضمان عدم الرجوع

Collateral warranty: ضمان، كفالة ملحقة، إضافية

Collateral: إيداع ضمان/ رهن/ ضمانة إضافية

Collection pages: الصفحات المجمعة

Collection policy: سياسة التحصيل

Color of law: سيماء القانون / ظاهر القانون

Combined single limit: حد موحد شامل

Come into public domain: أصبحت ملكية للعامة

Comfort letter: خطاب تأييد، خطاب طمأنة

Commander of Order: وسام الاستحقاق

Commercial liability insurance: وثيقة/بوليصة تأمين تجاري

Commercial-off-the shelf antenna: هوَائي متوفر تجاريًا/متوفر في السوق

Commissioner of oath: مفوض مكلف بأداء القسم/اليمين

Commissioning procedures: إجراءات التشغيل التجريبي

Commits material breach: يُرتكب مخالفة/انتهاكاً مادياً/ملموسا

Common hold property: الملكية المشتركة

Common terms agreement: اتفاقية الشروط العامة

Common use facilities: المرافق العامة

Community or social program: برنامج مجتمعي أو اجتماعي

Community probation and parole: الحكم بالوضع تحت المراقبة المجتمعية وإطلاق السراح المبكر

Company limited by guarantee: شركة محدودة بالضمان

Company to confirm: يتعين على الشركة أن تتأكد من ذلك

Company's investment prospectus: صحيفة الإستثمار للشركة

Complex case: قضية مستعجلة

Compliance inspection: تدقيق/معاينة الالتزام

Comprehensive commissioning: اختبارات التجهيز الشاملة لبدء الاستخدام

Concluding sales of subsidiary rights: إبرام عقود بيع للحقوق الفرعية

Concurrency cap: توافق بحد أقصى

Conditions of particular application: شروط التنفيذ/التطبيق الخاص

Confers on the holder a right to: يمنح حامله الحق في

Confidentiality and non-disclosure undertakings of this agreement: تعهدات السرية وعدم الإفصاح المنصوص عليها في هذه الإتفاقية

Conflict of interest: تضارب المصالح/تعارض المصالح

Consolidated Omnibus Budget Reconciliation Act (COBRA): نظام التأمين الصحي الحكومي

Constituted an accommodation: شكلت حلا توافقيًا

Constituting an offence: يشكل جرما

Consumer credit: ائتمان استهلاكي / قرض استهلاكي

Contract action: إجراء تعاقدي

Contract award: ترسية/إرساء العقد

Contract law: قانون العقود

Contract line item number (CLIN): رقم البند الرئيسي في العقد

Contract offer: عرض بالتعاقد

Contract renewed by conduct: جدد العقد ضمنيا/تجدد العقد تلقائيًا بسريان العمل به

Contractor's signature authorization: اعتماد توقيع المقاول

Contract's key social terms: البنود الرئيسية / الأساسية الاجتماعية للعقد

Contracts lead: كبير أخصائي العقود

Contractual delivery date: تاريخ التسليم التعاقدي

Contractual interface: العلاقات التعاقدية

Contractual joint venture: شراكة تعاقدية/ مشروع تعاقدي مشترك

Contractual sick pay: اجازة مرضية مدفوعة الأجر وفقا للتعاقد /تعويض الإجازة المرضية بموجب العقد

Contrary intention appears: ما لم يظهر قصد مخالف لذلك

Contributing by the company default: ناتج عن تقصير الشركة

Contribution liability: الالتزام بالمساهمة

Control of substances hazardous to health regulation: تقديم المساعدة فيما يتعلق بالتحكم في المواد التي تمثل خطورة على قواعد الصحة العامة

Controlling interest in either party: حصة غالبة/مسيطرة/مهيمنة لأي طرف

Convenience of reference: لسهولة/لتيسير الرجوع إليها

Convertible loan agreement: اتفاقية قرض قابل للتحويل

Convicted of an offence: أدين بمخالفة/جرم

Corporate action: إجراء باسم الشركة

Corporate bodies contracts act: قانون التعاقد مع الأشخاص ذوي الصفة المعنوية/الإعتبارية

Corporate body: هيئة اعتبارية/معنوية

Corporate disclosure statement: بيان أنشطة الشركة

Corporate law: قانون الشركة

Cost loaded: إجمالي التكلفة/ شامل لكل التكاليف

Cost of enforcement or defense: تكلفة اتخاذ إجراءات قانونية وأتعاب المحاماة

Cost plus: سعر إضافي

Council tax: ضريبة البلدية

Counsel of record: الوكيل الرسمي

Counsel: محامي المدعي

County clerk: كاتب المحكمة

Court bundle: سجلات/دفاتر/إضبارات المحكمة

Court case closed: إغلاق القضية

Court heard: استمعت المحكمة/استمعت هيئة المحكمة إلى

Cover bane: غطاء/لوحة تغطية

Cover bidding: عطاء صوري

Create any estate: إنشاء أي عقار

Credit foncier: القرض العقاري / الإئتمان العقاري

Credits: أرصدة دائنة

Criminal expungement: شطب تهمة من السجل الجنائي/ محو تهمة

Crimmigration: تجريم الهجرة

Cross indemnity: تعويض متبادل

Cross liability: مسؤولية متبادلة

Cross-ownership: ملكية متبادلة

Crown attorney: وكيل النيابة العامة

Cumulative remedies: تدابير تراكمية/تصاعدية

Cure period: فترة تقويم/تنظيم/إصلاح

Current dated cheque: شيك مؤرخ بالتاريخ الحالي

Current exposure account: الحساب المعرض للمخاطر الحالية

Custom payment plan: خطة سداد مخصصة

Customary International Law: القانون الدولي العرفي

Customer furnished items: الأشياء المزودة من قبل الزبون/العميل

Cut the cord: أنهت الحاجة

D

Dated: بتاريخ/مؤرخ في

De facto relationship: علاقة مساكنة

De nationalization: الخصخصة/إلغاء التأميم

Death by a thousand cuts: الموت البطيء

Death by misadventure: القتل الخطأ

Debarment: حظر

Debenture directors: مديري قسم السندات/المديونيات

Debenture loan: سند قرض

Debenture stock: أسهم دائنة

Debt collection recovery: استعادة تحصيل الديون

Decree of divorce: حكم بالطلاق

Deed of addendum: سند الملحق أو المذيل

Deed of assignment: عقد تخصيص/سند نقل الملكية

Deed of termination: عقد أو وثيقة إنهاء

Deed of variation: صَك/عقد الإختلاف

Deed stamps: أختام السندات

Deemed served: تم تبليغها / مُبلغة

Default deny: الرفض الافتراضي

Default notice: إخطار التقصير/إشعار تخلف عن السداد

Defect liability period: فترة تحمل المسؤولية عن عيوب التنفيذ

Defendant to the claim: مدعى عليه في الدعوى/القضية

Defense articles: معدات الدفاع

Deferred prosecution agreement: اتفاق تأجيل القضية

Definitization: إصدار الطلبية

Delegation and assignment: التفويض والإسناد

Delegation by the employer's representative: توكيل/تفويض من قبل ممثل صاحب العمل

Demise: يؤجر

Demobilization: سحب/تسريح الموارد

Department of Human Services: إدارة الخدمات الإنسانية

Department of Inspections and Appeals: إدارة المعاينة والاستئناف

Department of International Development: وزارة التنمية الدولية

Department of legal services: إدارة الخدمات القانونية

Deploy resources: استخدام الموارد

Deposit: وديعة / تأمين / عربون

Deputy clerk: نائب رئيس قلم / ديوان المحكمة

Deterioration of stock in cold store: تلف المخزون في مستودع التبريد

Deterministic mining: فسخ أو إنهاء مؤكد

Differential margins: هوامش الربح التفاضلية

Digital distribution representation agreement: اتفاقية تمثيل التوزيع الرقمي

Diplomatic immunity: حصانة دبلوماسية

Disclaimer business immigration: إخلاء المسؤولية عن الهجرة لغرض الأعمال

Disclaimer: التنصل

Disclosing party: الطرف الكاشف للمعلومات

Disclosure powers: حق الإفصاح

Discrete international crime: جريمة دولية مستقلة

Discretion of said attorney-in-Fact: وفقاً للسلطة التقديرية للوكيل القانوني / الرسمي

Dispatch office: مكتب التحكم/ قيادة العمليات

Dissolving the bonds of matrimony: فك عرى الزوجية

Distance selling: البيع عن بعد

Distribution agreement: اتفاقية / عقد توزيع

Domestic profit corporations: مؤسسات/شركات ذات ربح محلي

Domestic violence duty solicitor: محامي مناوب/مكلف بقضايا العنف الأسري

Dormancy rules: قواعد الركود

Double seam: الالتئام/الدرزة المزدوجة

Downstream research: ّبحث نهائي

Data processing: معالجة البيانات

Drug-free policy: سياسة الخلو من المخدرات/سياسة عدم تعاطي المخدرات

Due consent: الموافقة الواجبة

Due process of law: الإجراءات القانونية الأصولية

Due process: الإجراءات الأصولية

Duly authorized for the purpose hereof: مخول حسب الأصول لأغراض هذه الاتفاقية

Duly authorized to administer oaths: مؤهل قانونياً للإشراف على تأدية القسم

Duly incorporated company: شركة مؤسسة طبقا لأحكام القانون

Duty of confidence: واجب الحفاظ على السرية

Duty of discretion: واجب كتمان المعلومات

Duty to contractor: تعهدات/واجبات تجاه المقاول

E

EC rental and lending rights directive: الأمر التوجيهي للمجلس/للمفوضية الأوروبية بشأن حقوق التأجير والإقراض

Education reform & achievement act: قانون إصلاح وجودة التعليم

Effective date: تاريخ السريان

Efficient and timely judicial services: خدمات قضائية في وقت أقل وبكفاءة أعلى

Emergency declaration: قرار مستعجل/عاجل

Emergency interim relief: تعويض مرحلي طارئ

Empanelment: تعيين

Employer: المشغل/العميل

Employment specialist: اختصاصي التوظيف

Employment status: الحالة المهنية

Enclosing guard: الحاجز الداخلي

Encumbered: مرهون أو مقيد أو محتجز

Encumbrances benefiting and burdening the plot: الديون والرهونات التي تشكل مصالح أو عبئ عقاري

End user: المُستخدم النِّهائي

Enforcement officer: ضابط تنفيذ الأحكام

Enforcing authorities: السلطات التنفيذية

Engineering design specifications: مواصفات التصميم الهندسي

Enter into contracts in one's own name: أن يتعاقد باسمه أو اسمها

Enter into contractual restrictions: قد تبرم بعض الالتزامات التعاقدية

Entering an appearance: طلب مثول

Entering into understandings: الدخول في اتفاقيات تفاهم/ إبرام تفاهمات

Enterprise legal person: مؤسسة ذات شخصية اعتبارية ـ معنوية/ منشأة ذات شخصية اعتبارية ـ معنوية

Entitled to charge you: يحق لنا مطالبتهم بسداد

Entitled to offset: الحق في الاستقطاع أو المقاصة

Entitlements: استحقاقات

Enumeration not being limitative: إحصائها / حصرها غير محدد

Equal standard: من مستوى مماثل/من نفس المعيار

Equitable relief: تعويض منصف

Equity bridge loan agreements: إتفاقيات القرض المؤقت أو المرحلي من قيمة العقار أو أصل العقار

Equity contribution: المساهمة في رأس المال ـ الأصول

Equity interests: الحصص المملوكة

Ethics and expectations: الأخلاقيات والتوقعات

EU Centres of Excellence on Chemical, Biological, Radiological and Nuclear Risk Mitigation: مراكز التميز في الاتحاد الأوروبي لتخفيف مخاطر المواد الكيميائية والبيولوجية والإشعاعية والنووية

European article numbering: نظام الترقيم الأوروبي للبضائع

Event of default: حالة إهمال / حالة تقصير / حالة تعثر

Excerpts and transcriptions: مقتطفات ونسخ

Exclusive agency agreement: اتفاق حصري مع الوكالة

Exclusive availability: تفرغ كامل

Exclusive of the choice of law rules: باستثناء ما نصت عليه أحكام اختيار القوانين

Exclusive of VAT: غير شامل لضريبة القيمة المضافة

Exclusivity contract: عقد حصري

Executed as a deed: حررت كوثيقة /حجة

Execution version: نسخة التنفيذ

Executive writs: أحكام /قرارات تنفيذية

Exempted company: شركة معفاة

Expectation of privacy: لا يتوقع وجود خصوصية/الخصوصية غير مكفولة/محفوظة

Expend no expense: لن ينفق أية نفقات / تكاليف

Expert opinion: رأي الخبير

Extempore board meeting: اجتماع استثنائي لمجلس الإدارة

Extent of power of attorney: مدى صلاحية التوكيل

F

Facility in settlement of which the bank loan amount is to be paid: تسهيل في تسوية المبلغ المخصص لسداد القرض البنكي

Facility offer letter cum agreement: خطاب عرض تسهيلات يتضمن اتفاقية

Facts of legal value: حقائق ذات قيمة قانونية

Failure of public utilities: تعطّل المرافق العامة

Family registration copy: صورة قيد عائلي

Federal Deposit Insurance Corporation (FDIC): الشركة الفدرالية لتأمين الودائع

Fee estimate: تقدير الرسوم/مقايسة

Fee: الأتعاب/الرسوم

Felony warrant: مذكرة جنائية

Field service engineer: مهندس خدمات ميدانية

File any intellectual property rights with respect to: تسجيل أية حقوق للملكية الفكرية متعلقة بـ

Final irrevocable divorce: طلاقا بائنا بينونة كبرى

Final turnover documentation: وثائق/مستندات حجم الأعمال النهائي

First provisional service charge: نفقات/رسوم الخدمة الأولية المؤقتة

Fiscal number: رقم القيد الضريبي/الرقم الضريبي

Fit-out access: تصريح دخول لأغراض التجهيز

Fit-out folder: ملفات مجهزة سلفا

Fit-out program: برنامج المواءمة/الإعداد

Fix a closing date: يحدد آخر موعد

Fixed rate fee: رسم السعر الثابت

Flagrant violations: انتهاكات صارخة

Follow-up: عملية متابعة/ تعقيب

For good and valuable consideration, receipt of which is hereby acknowledged: لاعتبار هام وقيم، أقر هنا له باستلامي

For good consideration: بمقابل/ بعوض مناسب

For inclusion in a program service: لإدراجها ضمن خدمات البرنامج

For notarial acts: التوثيقية للإجراءات

For the benefit of and to the order: لصالح ولأمر فلان

For the purpose of this law: لأغراض هذا القانون

For the sake of good order: لغرض التنظيم/الترتيب الجيد

For which it is not unreasonable: والتي ليس من المعقول فيما يتعلق بها

Force majeure: قوة قاهرة

Foreign main proceedings: إجراءات أجنبية رئيسية

Foreign military sale: المبيعات العسكرية الخارجية

Foreign minority shareholder: حامل الأسهم من الأقلية الأجنبية

Foreign sovereign immunities act: قانون حصانات السيادة الأجنبية

Fractional shares: كسور الأسهم

Franchise and patent: حقوق الامتياز والاختراع

Franchisee: حامل الامتياز

Free hold: تملك حر

Free of charge: بالمجان/بدون مقابل

Freehold properties: عقارات للتملك الحر

Frustrate the contract: إفشال \إبطال العقد

Full contract kicks in: يصبح العقد ساريًا

Full oral argument: المرافعة الشفهية الكاملة/سماع المرافعات الشفهية الكاملة

Full suite of modules: مجموعة متكاملة من المناهج

Further warrant: ضمانة أخرى

G

Gag order: حكم/أمر بالتعتيم الإعلامي

Gender role integration: دمج دور الجنسين

General corporate advisory services: الخدمات الإستشارية العامة لإدارة الشركة

General preambles: مقدّمات/تمهيدات/استهلالات عامة

Germaneness rule: قاعدة وثاقة الصلة بالموضوع

Given full faith and credit: يُعطى/إعطاء كامل القوة والأثر/السلطة التامة والاعتبار الكامل

Given the authority to take charge: منحت صلاحية تولي المسؤولية عن

Given under my hand and seal: حرر/تم تحريره بمعرفتي وختمي

Global special humanitarian visa: تأشيرة دخولٍ إنسانيّة خاصّة عالميّة

Going bail for someone: يكفل/ يضمن فلان

Going package of price: مجموعة الأسعار الحالية

Good global governance: حكم عالمي صالح

Goodwill and anticipated savings: الأصول المنظورة وغير المنظورة

Goodwill marketing: التسويق عبر/عن طريق دعم الأعمال الخيرية

Governing law clause: فقرة القانون الساري أو النافذ

Government approved laboratory: معمل معتمد من الحكومة

Governmental instrumentality: وكالة حكومية

Governmental subdivision: الدوائر الحكومية الفرعية المختصة بالحماية من الحرائق

Grand summary sheet: الملخص الشامل للميزانية العمومية

Grant a bail: أفرج عنه بكفالة/ أطلق سراحه بكفالة/ أخلى سبيله بكفالة

Grant contract: عقد نقل ملكية

Grant of representation: تفويض بالتصرف

Grants and compliance advisor: مستشار المنح والامتثال

Gross cash distribution: إجمالي التوزيعات النقدية

Group boycott: مقاطعة جماعية

Group compliance office: مكتب الالتزام الجماعي / مكتب التقيد الجماعي

Guillotine clauses: الإخلال ببند من المعاهدة يؤدي إلى فسخها

Gully trap: غطاء المصرف

H

Hacktivists: نشطاء المقاومة الإلكترونية / نشطاء القرصنة

Hand-back procedure: عملية التسليم باليد

Handing over certificate date: تاريخ شهادة التسليم

Heads of claims: أنماط/أصناف/فئات المطالبات

Heads of terms and lease agreement: مذكرة التفاهم وعقد الإيجار

Heads up, heads down: نظرة إلى الأفق ونظرة إلى ما بين القدمين

Hereby approved and authorized for and on behalf of the company: تم بموجبه الترخيص بهذه الوكالة القانونية والموافقة عليها من قبل الشركة

High contracting party: طرف أصلي/سامي متعاقد

Highway Addressable Remote Transducer (HART): نظام النقل والتحويل فائق السرعة

Hold an agreement: يبرم إتفاقية أو يعقد اتفاقية

Hold an interest: يحوز / يملك حصة

Hold to maturity: الاحتفاظ إلى ميعاد الاستحقاق

Home audience's virulent nationalism: القومية العدوانية لدى الشعب

Home of record: محل الإقامة القانوني

Homeland security: الأمن القومي أو الوطني

Honest keeping: أمينًا، يحافظ على الأسرار

Honorary Volunteer Special Constabulary Scheme: برنامج الشرطة الخاصة للمتطوعين الشرفيين/الفخريين

Hospital Chief Financial Officer (CFO): المدير المالي للمستشفى/مدير المستشفى المالي

Hostile breakout: فض غير ودي للعقد

House of Representatives: مجلس النواب

Housing credit: الائتمان السكني

Human interface: واجهة المستخدم البشري

I

I rest my case: دعواي/وبذلك أنهى/أختم مرافعاتي

Immersion heater: مسخّن غاطس

Immigration Service Removal Centers and Prisons: سجون ومراكز الترحيل التابعة لإدارة الهجرة

Importer of record: المستورد الرسمي/الفعلي - مستورد مسجّل

In aid of execution: في سبيل المساعدة للتنفيذ

In every capacity: بمختلف/بكل الصلاحيات

In full force and effect: نافذة وسارية المفعول

In furtherance (of): إعمالا لـ

In his own name: بُاسمه شخصيا

In its absolute and unfettered discretion think fit: حسب ما يراه صالحا بحكم درايته / إرادته المطلقة والحر

In law: بمقتضى القانون

In my custody: في عهدتي

In presence of all good senses and witnesses: وهو بكامل قواه العقلية بحضور الشهود

In the nature of a default: في حالة وجود تقصير

In the transferring State: الدولة الناقلة/الضالعة بنقل

In witness whereof: إشهادا على ما تقدم

In witness whereof: إثباتا لذلك

In workmanlike manner: وفق معايير الجودة المتعارف عليها

Inapplicable words: أحكام غير قابلة التطبيق

Inbound software: تسويق البرمجيات الداخلي/التسويق الداخلي للبرمجيات

Inchoate crimes: الجرائم غير المكتملة/المرتكبة

Including its conflict of law provision: بما في ذلك تعارضها/تضاربها مع أحكام القانون

Including its successors and assigns: بما في ذلك خلفائه والمتنازل لهم

Income tax refund: عوائد الضرائب على الدخل

Income tax returns: إقرارات ضريبة الدخل

Incurred on or off the site: يتم تحملها أو تكبدها داخل الموقع أو خارجه

Indemnification clause: بند/شرط/مادة التعويض

Indemnified taxes: ضرائب تعويضية

Indemnity and compensation: الأجر والتعويض

Indemnity obligation: واجب التعويض/الالتزام بالتعويض

Index and non-index offenses: مخالفات مفهرسة وغير مفهرسة/مخالفات مصنفة وغير مصنفة

Indictable offence: مخالفة قابلة للإدانة

Induction for employees: تدريب توجيهي للموظفين

Induction: دورة تعريفية/تدريبية

Information management systems: أنظمة إدارة المعلومات

Information statement: بيان/كشف المعلومات

Information Technology Task Force (ITTF): فريق العمل المعني بتكنولوجيا/بتقانة المعلومات

Injunctive relief: فرج قضائي/ انتصاف بأمر زجري

Inspection station contract: عقد محطة الفحص

Insured for its value: مؤمن عليها بقيمة

Inter se: فيما بينهم

Interconnected licensees: أصحاب التراخيص/حاملو التراخيص المترابطون

Interest hedge breakage costs: تكاليف إلغاء الحماية من الفائدة

Interface agreement: اتفاقية تحديد المسؤوليات

Interface document: وثيقة تحديد المسؤوليات / وثيقة بينية

Interim order referral audit: تدقيق على إحالات الطلبيات المرحلية/المؤقتة

Interlocutory investigation: تحقيق تمهيدي/أولى

Intermediate payment: دفع مبلغ جزئي

Internal appeal: طعن أو استئناف قضائي داخلي

Internal glazing: الألواح الزجاجية الداخلية

International commercial transactions: المعاملات التجارية الدولية

International Traffic in Arms Regulations (ITAR): التعليمات الناظمة للتداول الدولي للأسلحة

Inverted domestic corporation: شركة محلية متحولة

Investigation leads: قرائن التحقيق

Invitation to tender: دعوة لتقديم العطاء/دعوة للعطاء

Invitation to the public: دعوة للعموم

Invoice balance: رصيد الفاتورة

Involuntary rate: سعر إلزامي

Involving deprivation of liberty ordered by a court: ينطوي على الحرمان من الحرية بأمر المحكمة

Irrevocable mandate: توكيل/تفويض غير قابل للإلغاء/لا رجعة فيه

Issue a credit: إصدار إشعار رصيد دائن/ائتمان

Issues of jurisdiction: المسائل ـ القضايا المتعلقة بالاختصاص القضائي ـ مسائل ـ قضايا الاختصاص القضائي

J

Jaywalking: عبور الشارع بشكل مناف لقانون المرور

Joint ownership development: تطوير/تنمية الملكية المشتركة

Joint venture company term sheet: ورقة الشروط الخاصة بشركة المحاصة

Judge advocate: نائب أحكام

Judgment by default: حكم غيابى

Judicial duty list: لائحة الواجبات القضائية

Judicial rehearsal: مراجعة قضائية

Junior notary: كاتب عدل مبتدئ / موثق محرر عقود مبتدئ

Jurisdiction/disposition report: تقرير الاختصاص والفصل في الدعوى

Jurisdictional argument: حجة الاختصاص القضائي/حجة قضائية

Jus cogens: قواعد إلزامية

Justice of the peace: كاتب العدل/ قاضي الصلح

Juvenile code: قانون الأحداث

Juvenile hall: دار الأحداث / مركز الأحداث

K

Keep strictly confidential: يحافظ على السرية التامة للمعلومات

Ken: معرفة/فهم

Khaos turbocharger: شاحن الهواء التوربيني كاوس

Know all men by these presents: ليعلم من ورده هذا الخطاب

Know-how: أسرار المهنة / أسرار الصنعة

L

Land hoarding: تسقيع الأراضي

Law enforcement agency: الهيئة /الجهة/ السلطة المعنية بإنفاذ القانون

Lead organization: المنظمة/ المؤسسة الرئيسية/الرائدة

Leading the witness: استدراج الشاهد

Lease finance: التمويل الإيجاري/ التأجيري

Lease line: الخط المستأجر

Legal developments: مستجدات قانونية

Legal manufacturer: جهة التصنيع الشرعية/الرسمية/المعتبرة قانونًا

Legal notes: الملاحظات القانونية

Legal or beneficial: الملكية القانونية أو الحق في المنفعة

Legal solicitor empanelment: اختيار وكيل قضائي/مستشار قضائي /مستشار قانونى

Legally incapacitated: فاقد الأهلية قانونيا

Lessor doth: يؤجر المؤجر

Letter of authority: خطاب تفويض

Letters rogatory: إنابة قضائية

Letting manager: مدير التأجير

Lex mitior: مبدأ تطبيق العقوبة الأقل- مبدأ الأخذ بأخف العقوبتين

Liability agreement: اتفاقية الالتزام

Liability in tort: المسؤولية التقصيرية

License agreement: اتفاقية ترخيص

License to thrill: استمتعوا بهذا الترخيص

Life cycle security: أمن دورة الحياة/التطور

Limited liability partnership: شراكة ذات مسؤولية محدودة

Litigating and arbitrating: تقاضي وتحكيم

Live and dead stock: الحيوانات والالات الزراعية

LLC company and LTD company: شركة ذات مسؤولية محدودة وشركة محدودة

Local fixed term staff member: موظف محلي مؤقت

Local purchase order confirmation: تأكيد أمر الشراء المحلي

Long-standing rule: قاعدة راسخة

Loss generators: مصدر للخسائر

Low merits: أساس ضعيف / حيثيات ضعيفة للدعوى مثلا

Lower courts: محاكم دنيا، محاكم الدرجة الأقل/ محاكم صغري

M

Macro policy: السياسة الكلية

Main body: متن الاتفاقية

Maintenance pending suit: دعوى إعالة (نفقة) معلقة

Make calls on the members for any amount unpaid: اشعار الأعضاء بأي مبالغ غير مسددة

Make submissions: يقدم العرائض/المستندات

Management overrides: تجاوز الصلاحيات

Mandating contributions: يخول/يفوض المساهمات

Mandatory personal injury filing: الرفع الإلزامي لقضايا الإصابات الشخصية

Marital status: الحالة الاجتماعية

Market competitive allowance: علاوة تنافسية السوق

Market vigilance: الإجراءات الاحترازية في السوق/ الإجراءات الاحتياطية في السوق

Marketing and central services agreement: اتفاقية التسويق والخدمات المركزية

Marriage register extract: مستخرج من شهادة زواج

Master community: المجمع الرئيسي

Master franchising contract: عقد امتياز رئيسي/أصلي

Master license agreement: اتفاقية الترخيص الرئيسية/الأصلية

Master services agreement: الاتفاقية الرئيسية لتقديم الخدمات/اتفاقية الخدمات الرئيسية

Master sourcing contract: عقد التوريد الرئيسي/الأصلي

Material default: التقصير المادي أو الملموس

Matters reserved for the board: المسائل المحفوظة للمجلس

Maximum security: إجراءات أمنية قصوى/ مشددة

May appropriate to the profits of the company: يجوز التخصيص لأرباح الشركة

May be relied upon as tending to establish liability: يجوز الاعتماد عليه كمؤشر لإثبات المسؤولية أو يمكن الإستناد إليه لإثبات المسؤولية

Meeting adjourned: تعليق/تأجيل جلسة المحكمة

Member of the public: من عامة الناس

Membership interest: المصلحة العضوية

Memorandum of understanding: مذكرة تفاهم

Mergers directive: التوجيه الخاص بعمليات الاندماج

Military Commissions Trial Judiciary: الهيئة القضائية لمحاكمات المفوضية العسكرية

Minutes of the proceedings: محضر الإجراءات

Mirror signals: إشارات لتوجهات السوق

Misappropriation of patent: اختلاس براءة الاختراع

Mitigating circumstance: ظرف مخفف

Mitigation procedures: تدابير/إجراءات تخفيفية

Mobilization period: المرحلة التحضيرية/فترة التعبئة

Modified by a further writing: لا يمكن تعديلها سوى بصياغة وثيقة لاحقة

Monetary claim: مطالبة مالية /نقدية

Money judgments: أحكام بتعويضات مالية

Money Services Business Act: قانون شركات الخدمات المالية

Moral entity: كيان اعتباري/معنوي

Moroccan tax registration: رقم سجل الضرائب المغربية

Mortgage investor: مستثمر مرتهن

Motion for summary judgment: طلب إصدار حكم مستعجل

Multi-media marketing: تسويق الوسائط المتعددة

Multiple strata: ملكية الطبقات

Mutatis mutandis: مع ما يلزم من تبديل وتعديل

Mutual consensual division: القسمة الرضائية

Mutual consent, offer and acceptance: حصول التراضي والإيجاب والقبول

Mutual recognition agreement: اتفاقية اعتراف متبادل

N

Natural and legal personality: الشخصية الطبيعية والاعتبارية

Net liability: صافي الالتزام/الخصم

New catering formula: صيغة جديدة لمتعهدي توفير الطعام

Nexus to the law: رابط قانوني/ صلة قانونية /علاقة قانونية

Nitrate type blasting: مركبات النترات من النوع الناسف/المتفجر

No other representation, expressed or implied, and no warranty or guarantee: لا توجد أى إقرارات صريحة أو ضمنية أو أى ضمانات أو كفالات

No representation: عدم وجود/نفي التعهدات

No set-off: لا مقاصة

No-bid contract: عقد بالإسناد المباشر

Non-contentious jurisdiction: اختصاص قضائي غير تنازعي - متنازع عليه

Non-custodial sentence: حكم غير تحفظي

Non-default termination: فسخ العقد بالإرادة المنفردة

Non-citizen nationals: المواطنون بلا جنسية

Non-corporate membership: عضوية غير مؤسسية / عضوية فردية

Non-depository institutions: مؤسسات غير إيداعية

Non-disclosure & non-circumvention agreement: اتفاقية عدم الكشف والتملص

Non-disclosure statement: إقرار المحافظة على السرية/إقرار عدم الإفصاح

Non-emergent dental services: الخدمات غير الطارئة/العاجلة لعلاج الأسنان

Non-exclusive retainer agreement: اتفاقية توكيل غير حصرية

Non-exhaustive remedies: تدابير إصلاحية غير شاملة

Non-judgmental support: دعم محايد/مساعدة محايدة,غير منحاز

Non-legal: غير قانوني

Non-tender purchase: الشراء بالأمر المباشر / الشراء المباشر

Notary public's office: مكتب كاتب العدل/الموثق العام

Notwithstanding: بخلاف ما تنص عليه/بالرغم من نص

Notwithstanding anything to the contrary contained herein: وإن جاء في العقد ما يخالف ذلك

Nuisance abatement: زوال المضايقة

O

Obligation of confidence: التزام بالسرية/ الكتمان

Offence of contempt: جنحة الازدراء

Offence provisions: أحكام الجريمة/الجنحة

Offered for sale by preferential right: معروضة للبيع بالأفضلية

Office of institutional equity: مكتب المساواة المؤسسية

Office of the comptroller of the currency: مكتب مراقب العملة

Official facts: وقائع رسمية

Official seat: مقرها الرسمي

Off-plan: يشترون الملكية على الورق، أو قبل اكتمال إنشائها أو يشترونها وهي قيد الإنشاء

Offshore loading: بدل اغتراب

On behalf of such party: نيابة عن هذا الطرف

On contract sign-off: عند توقيع العقد

On the application: بناءً على طلب

On the basis of merit: على أساس الجودة

On the usual terms: وفقا للشروطِ أو البنود الإعتيادية

Only indicate here when fully subcontracted: يشار إليه فقط عند اكتمال التعاقد من الباطن بالكامل

Open Web Application Security Project (OWASP): مشروع أمان تطبيق الشبكة المفتوحة

Opening arguments: المرافعات الافتتاحية/الإستهلالية

Open-minded team players: فريق عمل منفتح الذهن

Operating agent: وكيل أو منسق تشغيل

Operating agreement: اتفاقية إدارة/تشغيل

Operative part: الجوانب/النواحي التشغيلية

Order and conclusion of a contract: طلب التعاقد وإبرام العقد

Order of temporary custody: أمر حضانة/رعاية مؤقتة

Order procedure: نظام الإجراءات/جدول الأعمال

Order-contract award: ترسية عقد الطلبية

Ordinary proceeding: إجراء اعتيادي

Otherwise than pursuant to that code: خلافًا لما هو معمول به في هذا القانون

Outline of submissions: مجمل الوثائق المقدمة

Out-of-band management: الإدارة خارج النطاق

Outstanding statement: بيان بالمستحقات

Overriding financial margins: إلغاء الهوامش المالية

Ownership interest: حصص الملكية

P

Packaging lot and control sheet: ورقة مراقبة التعبئة والتشغيل

Parliamentary term: دورة برلمانية

Participation agreement: عقد مشاركة أو شراكة

Parties to proceedings: أطراف الدعوى

Partner withdrawing and partner joining agreement: اتفاقية انسحاب وانضمام شركاء

Partners in limited liability company: الشركاء في الشركة ذات المسؤولية المحدودة

Past due accounts: الحسابات المستحقة الدفع

Patent of navigation: ترخيص/ رخصة الملاحة

Performance security: سلامة الأداء أو كفالة حسن التنفيذ

Periodical payments order: طلب دفع دوري/دفعات دورية

Permit guide: دليل الترخيص

Permitted assignees: المعهود لهم قانوناً/المتنازل لهم قانونا أو الوكلاء المخولين

Personnel assigned: الموظفين المنتدبين/ الأفراد المنقولين

Pervasive and thorough regulation: القانون النافذ والسائد

Phrase peer-to-peer networks: شبكات النظراء

Physical and juridical persons: الأشخاص الطبيعيون والمعنويون /الاعتباريون

Pipeline laying: مد خط أنابيب

Place on the market: طرح في السوق

Place the first order: يسجل أول طلبية

Placement agreement: اتفاقية تعيين سكن

Placement order: أمر الإيداع

Plain language summary: ملخص (موجز) بلغة مبسّطة/بسيطة - بصيغة واضحة/سهلة

Plead guilty: الاعتراف بالجريمة/الإقرار بالجرم

Pledge of shares agreement: اتفاقية رهن أسهم/حصص

Pledged as collateral: كضمان مرهونة

Pledged assets: أصول مرهونة

Policy of insurance: وثيقة التأمين

Possession order: أمر حيازة

Postage prepaid: رسمْ البريد مدفوع سلفا

Power to concur in winding up or liquidating companies: توكيل بالموافقة على تصفية أو إنهاء أعمال شركات

Preamble paragraph: فقرة الديباجة

Preceding measures: التدابير المُسبَقة

Precedent conditions: شروط مسبقة

Pre-emption clause: بند حق الشفعة

Preference shares: أسهم ممتازة

Prerogative writs: أوامر (قضائية) استثنائية

Preserve national protection: الاحتفاظ بحماية وطنية/ بالحماية الوطنية

Pretty good privacy: برنامج الخصوصية المتفوقة

Primary supervisory regulatory body: هيئة رئيسية إشرافية تنظيمية

Principal procurator fiscal depute: الموفد الرئيسي للنائب العام / المفوض الرئيسي للنائب العام

Principal registry of the family division: مكتب التسجيل الرئيسي لشعبة شؤون الأسرة/مكتب التسجيل الرئيسي فـــي الشعبة الأسرية

Privacy legal disclaimer: إخلاء المسؤولية القانونية بشأن الخصوصية

Private company limited by shares: شركة خاصة محدودة بأسهم

Private limited company: شركة خاصة ذات مسؤولية محدودة

Probate judge: قاضي إشهاد/ قاضي تصديق الوصايا/قاضي التصديق

Probation department: إدارة المراقبة

Probation/trial period: فتره اختبار

Procedural hearing: جلسة إستماع إجرائية/ جلسة محكمة للنظر في دعوى

Proceeds of crime: العائدات المتأتية من الجريمة / عائدات الجريمة

Processor trustee: منفذ الإجراءات الائتمانية

Product sampling: أخذ عينة من المنتج/ أخذ العينة من المنتج

Professional indemnity insurance: تأمين التعويض المهني

Profit sharing: تقاسم/مشاركة الرّبح

Prohibited Steps Order (PSO): أمر بالتصرفات الممنوعة/قرار الخطوات المحظورة

Prohibition on assignment: حظر التنازل /التفرغ

Project management associate: معاون إدارة المشاريع

Projecting copy: النسخة المقدمة/النسخة المعروضة

Promotional obligations: الإلتزامات الترويجية/الداعمة

Proof of service: دليل التبليغ/ إثبات الإعلان/ دليل تسليم الإخطار

Proof of title: صك أو سند المُلكيّة

Property management agreement: اتفاقية إدارة الممتلكات

Property staffing requirements: متطلبات تعيين الموظفين في الملكية/العقار

Proportional integral derivative controller: متحكم تناسبي تكاملي تفاضلي

Provisions of code of civil procedure: أحكام قانون الإجراءات المدنية

Proxy appointment: تعيين وكيل أو مفوض

Pseudonymized data: بيانات مصطنعة/ مستعارة

Public acts: القوانين العامة/ الأحكام العامة

Public deed: وثيقة رسمية

Public domain: ملكية عامة

Public funding certificate: شهادة الإعالة العامة/شهادة التمويل/ المساعدة العامة

Public law outline: خلاصة/ موجز/ملخص القانون العام

Public prosecutor: المدعي العام

Public service-wide regulations: اللوائح المطبقة على مستوى الخدمة العامة أو النطاق الواسع لانظمة الخدمة العامة

Public trading trust: اتحاد (صندوق) استثماري للتجارة العامة

Purchase order: أمر أو طلب شراء

Purchase proposals: عروض شراء

Put the case into writing: اكتب/حرر القضية

Q

Qualified newspaper: جريدة رسمية

Queen's Bench Division: قسم المحكمة الملكية

R

Racial vilification laws: قوانين تجريم الازدراء العنصري

Realms of effectiveness: نطاق/حيز الفعالية

Rechargeable expenses: المصاريف المترتبة مرة أخرى

Record court: محكمة تدوينية

Recourse to a court against an arbitral award: اللجوء إلى المحكمة ضد قرار هيئة التحكيم

Rectification notice: إشعار تصحيح/ إخطار تقويم

Reduce to practice: الدخول في مرحلة التنفيذ

Referring to inquiries: إحالة الاستفسارات

Refer to all matters not stipulated in this regulation: يرجع الى /في كل ما لم ينص عليه هذا النظام

Reference desk: مكتب المراجع

Register in probate: سجل الوصايا الرسمي

Registered under: المسجلة تحت رقم

Rehearing appeal: التماس إعادة المحاكمة أو طلب استئناف لإعادة الاستماع أو النظر

Release agreement: اتفاقية إبراء من التزام أو دين/إبراء ذمة

Release on own recognizance: إطلاق سراح بناء على تعهد شخصي

Release title deed: يُصدر سند الملكية

Relevant legislation: التشريعات المعنية أو ذات الصلة ب

Remedies of injunction: تدابير الأمر الزجري/الجبري

Remedy hereunder: التدبير/الإجراء الوارد أدناه

Remoteness of vesting: تأخير التمليك أو الحيازة

Render marketable: جعلها قابلة للتسويق أو التهيئة/التجهيز للتسويق

Renewal payment pickups: تحصيل مدفوعات التجديد

Rental pool: الإيجار المشترك

Repayment interest الربط بمؤشّر سندات سداد الفائدة

Request for variation: طلب التغيير

Requisition compensation: تعويض المصادرة

Reserved clause: بند التحفظ

Reserved to the board of directors: مخصصة/متعلقة بمجلس الإدارة

Residual fees: الأتعاب أو الرسوم المتبقية

Respective affiliates: شركات منتسبة/تابعة خاصة بكل فريق/طرف

Respondent: المعني بالقضية أو المدعى عليه

Restorative justice: العدالة التصالحية

Restore the law: إعادة بسط القانون/بسط سلطة/سيادة القانون

Retain with subcontractor: يتعاقد مع مقاول الباطن

Retained liabilities: المسؤوليات المتبقية

Retainer contract: عقد أتعاب المحامي

Retainership agreement: عقد توكيل

Retiring trustee: وصي مُنسحب

Return of confidential information: إعادة المعلومات السرية

Reversion immediately expectant: إعادة الأصول (أو الملكية من أرض أو بيت أو سيارة) إلى مالكها حال انتهاء عقد التأجير

Review of income and wealth: استعراض/مراجعة الدخل والثروة

Revised Code of Washington: قانون واشنطن المنقح

Riders: الملاحق

Right of first refusal: حق الرفض الأول أو حق الشفعة

Right of subrogation: حق الحلول

Right to show premises: الحق في زيارة/رؤية العقار المستأجر

Rotational job: عمل في ورديات

ROV daily rate: الأجر اليومي للمركبة التي تعمل عن بعد

Royalty: حقّ الامتياز / رسم الامتياز

Royalty rate: معدل/نسبة حقوق الامتياز

S

Saleable area: المساحة القابلة للبيع/أو المخصصة للبيع

Sales literature and descriptions: كتيب المبيعات وتوصيف المنتج

Sanctuary state law: قانون حق اللجوء في الولاية

SANS: معهد الأمن وشبكة إدارة الانظمة

Schedules of charges: جداول التكاليف

Scrivener notaries: موثقي سكريفنر/ موثقين عامين عاليي المرتبة

Second level appeal: إستئناف من الدرجة الثانية

Sectional title scheme: مخطط ملكية جزئية

Secured provision order: حكم إعالة مضمون

Secured provision order: حكم إعالة مضمون/ مؤمن عليه

Security event logs: سجلات أحداث الأمان

Security trustee: وكيل/أمين الضمان أو الكفالة أمين الضمانات/الأمين على الضمانات

Seditious libel: التحريض على إثارة الفتن

Senior associate: محام ذو اقدمية/ أو كبير المحامين

Senior crown counsel: مستشار قانوني حكومي رفيع المستوى

Sentencing law: قانون الجزاءات

Separate property system: نظام الملكية المنفصلة/المستقلة

Separation of duty: فصل المهام

Serious **Organized** Crime Agency: وكالة مكافحة الجريمة المنظمة الخطيرة

Serve a fine default warrant: تسليم أمر قضائي بغرامة مخالفة أو إخطار عدم دفع الغرامة

Serve a summon: تسليم (تبليغ) الاستدعاء

Service agent agreements: اتفاقيات وكلاء الخدمات / اتفاقيات وكالات الخدمات والتجهيزات

Set out in the schedule: المحددة /المعرفة في الجدول

Set-off: التسوية

Settle out of court: تسوية النزاع خارج المحكمة أو تسوية/مصالحة خارج نطاق المحكمة

Settlement conference: اجتماع لتسوية النزاع /الخلاف

Several enforceable decrees were issued: العديد من المراسيم صدرت بشكل نافذ حكما

Share grants/ stock grants: أسهم منح

Share seal: ختم مشترك أو عام

Shareholders' agreement: اتفاق أو اتفاقية الشركاء

Shell bank: بنك اعتباري

Sheriff court: محكمة صغرى/محكمة مأمورية الشرطة أو محكمة مفوض الأمن

Shotgun clause: شرط الخروج

Signature bonuses: منحة/علاوة التوقيع

Signature not to be unreasonably withheld: ولا ينبغي الامتناع عن التوقيع دون مبرر

Signature page: صفحة التوقيعات

Signed in agreement of: وقع بالموافقة على

Silence any right or claim : بغرض إسكات المشتري عن أي حق أو مطالبة

Single and unique contract: عقد وحيد وفريد من نوعه

Sixth-circuit court judge: قاضي محكمة الدائرة السادسة

Small business liaison section: قسم ارتباط الأعمال الصغيرة أو قسم الاتصال للشركات/للأعمال الصغيرة

Software **Engineering Institute (SEI): معهد هندسة البرمجيات**

South Carolina Education Lottery: صندوق يانصيب ولاية كارولينا الجنوبية لدعم التعليم

Sovereign guarantee funding: تمويل بضمان سيادي

Spare capacity: قدرة استيعابية إضافية أو سعة إضافية

Special agents: عملاء خاصين

Special assignment examination: الامتحان الخاص للتعيين

Specifications: حيثيات التهمة

Sponsorship sales and management: الإدارة والمبيعات المرعية

Spousal privilege: حصانة زوجية

Squatting and Vacancy Act: قانون وضع اليد والشواغر

Staff end of settlement form: استمارة إنهاء التسوية للموظفين

Staffing appointment: تعيين الموظفين

Staggered hours: ساعات العمل المتقطعة /المتعاقبة

Standard release form: نموذج عام للتنازل عن الحقوق

Standee and signage: منصات العرض واللافتات/ المنصات الترويجية واللافتات

Standing Committee: لجنة دائمة

Start executive proceeding: بدء الإجراءات التنفيذية

State attorney: محامي الدولة/الحكومة أو المدعي العام

State of the law: أحكام القانون/ما يفرضه القانون /ما ينص عليه القانون

State your name for the court: أدل باسمك للمحكمة

Statement of case: بيان الدعوى

Statement of consent notarization: توثيق تصريح بالموافقة

Statement of evidence: بيان الأدلة أو الإدلاء بالأدلة

Status hearing: جلسة استماع تمهيدية

Status of your benefits: وضع مستحقاتك

Statutory authority application: الطلبات المقدمة للهيئات القانونية/ الطلبات المقدمة للهيئات النظامية

Statutory declaration signed on oath: إقرار رسمي (قانوني) موقع تحت القسم

Step in rights: حقوق التدخل

Stipulation to survive: يبقى الاتفاق سارياً حتى بعد إنقضاء فترة نفاذ الحكم

Stochastic modelling: صياغة النماذج الاحتمالية

Stock bonus: المكافأة بالأسهم

Stock control staff: الموظفين المسؤولين عن/القائمين على المخزون

Stock number: رقم التخزين

Stock number: رقم الملف أو رقم المجلد

Stock transfer forms: استمارات التنازل عن الأسهم/ استمارات نقل (تحويل) ملكية الأسهم

Straight through processing system: نظام المعالجة المباشرة أو الاكتتاب الالكتروني المباشر أو الإدخال الآلي المباشر

Strand manager: مدير المساق

Strata and community schemes division: مشاريع الأبنية السكنية والتجارية

Strategic alignment: المواءمة الاستراتيجية

Strategy and business development function: مهمة تنمية ووضع استراتيجية الأعمال التجارية

Strictest confidence: بسرية تامة / بأقصى درجات السرية

Strict payment terms: صرامة بنود السداد/الدفع

Subcontractor: مقاول فرعي

Subcontractor direct agreement: الاتفاق المباشر مع المقاول من الباطن

Subcontractor situation: حالة/وضع التعاقد الفرعيّ/الثانوي

Subject of a pending court proceeding: موضوع دعوى قضائية معلقة أو غير مبتوت فيها

Subject to objection and appeal: قابلا للاعتراض والاستئناف

Subject to prior instructions: وفقا للتعليمات السابقة

Substitution clause: بند الإحلال

Sub-subcontract: إعادة إبرام عقد فرعي مع طرف ثاني

Subtle points: نقاط/ مسائل دقيقة

Sub-vendor dimension outline drawings: رسومات خطوط الأبعاد للمزود الفرعي

Successors in title: الورثة في الملكية

Sufficient warrant: المسوغ الكافي/ الضمانة الكافية

Summarize cost: حصر النفقات

Summary punishment: عقوبة عاجلة مقتضبة

Supply model: نموذج التزويد

Support package: باقة/حزمة الدعم

Supreme Court Fellow: زميل/عضو في المحكمة العليا

Supreme Court: المحكمة العليا

Surviving termination: تظل سارية/مطبّقة حتى بعد إنهاء

Suspension clause: مادة / بند وقف التنفيذ

Suspension of deportation and cancellation of removal: تعليق مؤقت للترحيل وإلغاء الإبعاد

Suspicion of forgery: الاشتباه بالتزوير أو تهمة التزوير

Synallagmatic contract: عقد تبادلي

T

Tabled at the meeting: يتم طرحها في الاجتماع

Takings clause: بند استيلاء الدولة على الملكية

Task force: فرقة عمل أو قوة مهام

Tax advice: استشارة ضريبية/مشورة ضريبية

Technical specification and design brief: المواصفات الفنية وموجز بالتصميم

Tenancy worker: مسؤول شؤون عقارية

Term loan facility: مدتها اتفاقية تسهيلات ائتمانية مدتها/ اتفاقية تسهيل للقروض

Term of reverse: شرط النقض

Terminal gratuity: مكافأة نهاية الخدمة

Terminating parental rights: إنهاء حقوق الوالدين

Termination and examination of business note: إفادة بإنهاء عمل مصلحة تجارية وفحص أصولها

Termination for convenience: الإنهاء اختياريًا

Texas Secretary of State: تكساس وزير الشؤون الخارجية لولاية

The agent guarantees the original investment and the agreed profit: يضمن الوكيل أصل المبلغ المستثمر والربح المتفق عليه

The agreement cannot be cancelled: الاتفاقية غير قابلة للإلغاء

The appeal has been determined or withdrawn: يتم الفصل في الاستئناف أو سحبه

The applicant opposes the respondent's request: يعارض المدعي طلب المُدعَى عليه

The appropriate national authority: **السلطة الوطنية المختصة**

The code in the form of the draft: القانون على شكل مسودة أو القانون كما نص عليه في المسودة

The code of conduct: **مدونة قواعد السلوك**

The commission of a relevant offence: ارتكاب مخالفة أو جنحة ذات صلة

The Committee of Agriculture Quarantine: لجنة الحجر الزراعي

The Contracts Act: **قانون العقود**

The Convention on the Non-Applicability of Statutory Limitations to War Crimes and Crimes Against Humanity: اتفاقية عدم تقادم جرائم الحرب والجرائم المرتكبة ضد الإنسانية

The court being fully advised in the premises: والمحكمة لديها كامل الإطلاع على حيثيات القضية

The duty of professional secrecy shall remain unaffected: ينبغي استمرار سريان واجب الحفاظ على السرية المهنية

The entire agreement: جملة ما تم الاتفاق عليه

The franchisor is intended to develop a network of local franchisees: يعتزم صاحب الامتياز إنشاء شبكة محلية من مشتري حق الامتياز

The franchisor registered the domain name: سجل صاحب الامتياز اسم النطاق

The handling of evidence: التلاعب بالأدلة أو إخفاء الأدلة

The Honorable Court of His Highness: محكمة صاحب السمو

The law is silent: لم يتطرق القانون الى هذه المسألة

The Lord Advocate: النائب العام

The most quoted line: أكثر العبارات استشهادا

The Nominating and Corporate Governance Committee: لجنة الترشيح وإدارة أو حوكمة المؤسسات

The obligor or bond issuer: الملتزم أو المصدر

The office of authentications: قسم التصديقات

The other party will bear all costs: يتحمل الطرف الآخر كل النفقات

The parties are bound in honor only: الأطراف مرتبطة/ملتزمة بميثاق الشرف فقط

The Police and Criminal Evidence Act (PACE): قانون الشرطة والأدلة الجنائية

The principle of lifting the corporate veil: مبدأ اختراق حجاب الشركة /الكشف عن النقاب المؤسسي

The providing body: جهة التمويل

The rules are silent: لم تذكرها/تتناولها الأحكام/أغفلتها الأحكام

The sanctioning process: قبل الشروع في العقوبات / قبل بدأ العقوبات أو قبل بدأ سيرورة عملية اتخاذ العقوبات

The standard scale: المعيار المطبق/المعمول به

The United States District Court for the Middle District of Georgia: محكمة الولايات المتحدة الإقليمية لإقليم جورجيا القضائي الأوسط

Third party contractors: مقاولون من الباطن/ مقاولون لمصلحة الغير/ مقاولو الطرف الثالث

Third party fund: التمويل من طرف ثالث/ طرف ثالث ممّول

This agreement supersedes and extinguishes all or any earlier agreements: تلغي هذه الاتفاقية وتبطل كل أو أي اتفاقيات سابقة

This is of no legal significance: ليس لها أي مدلول قانوني

Threshold levels: المستويات الحدية

Thrift institution: مؤسسة إدخار

Through appeal: من خلال الاستئناف

Title to assets: ملكية الأصول

Title transfer date: تاريخ نقل الملكية

To acquire by purchase: تملك بالشراء

To assume responsibility: يتحمل المسؤولية

To be entered into on the date hereof: الذي سيبرم في تاريخ

To be paid at source: تدفع لدى المصدر/ عند المصدر

To bind the company: إلزام الشركة

To confess judgments and decree: الإذعان أو الاعتراف بالأحكام والقرارت

To develop project specific heads of agreement: لتوسيع مجال المشاريع المتفق عليها وتطوير العناوين الخاصة بكل مشروع في هذه الاتفاقية

To exclude apportionment on the following terms: لاستبعاد/استثناء التقسيم/التخصيص حسب الحصة (لكل طرف) بناء على الأسس التالية

To further scope agreed projects: مجال المشروعات المتفق عليها لتوسيع

To hold someone in contempt: يتهمه بإعاقة العدالة

To make amendments of the law: إدخال/إجراء تعديلات على القانون

To make risk purchase: المخاطرة بالشراء

To rule on the merits of the arbitration: الحكم في أصل القضية

To the exclusion of its rules on the conflict of laws: المتعلقة بتضارب القوانين باستثناء أحكامها / قواعدها

To the extent that the party invoking force majeure is prevented: طالما منع الطرف الذي تذرع/ احتج بالقوة القاهرة

To the full satisfaction of the employer: بما يحقق الرضا الكامل لصاحب العمل

To the satisfaction of the court: على نحو يرضي المحكمة

Top secret clearance: تصريح أمني عالي السرية

Tort law: قانون المسؤولية التقصيرية

Total amount certified: إجمالي المبلغ المعتمد في شهادات الدفع أو المبلغ الإجمالي/الكلي المصادق عليه

Total past-due support amount: إجمالي مستحقات الإعالة المتأخرة أو إجمالي المتأخرات المستحقة للإعالة

Tracing: اقتفاء أو تقصي

Trading partners: الأطراف الشركاء

Transaction journal: سجل التعاملات

Transcript: سجل أو مَحضَر

Transfer of a share: تحويل أو نقل ملكية أسهم

Transfer of non-UK trade: تحويل نشاط تجاري خارج المملكة المتحدة

Transparent contract: نظام إدارة العقود الشفافة

Tribunal of Fact: محكمة البت في الوقائع أو الحقائق

True-up invoice: فاتورة معدلة/ مصححة

Trust company: شركة إدارة أموال

Trusted hands: يد الأمانة

Two-thirds majority of the quorum: أغلبية ثلثي النصاب

Two-fold in character: ذات طابعين

Two-time violent offender: أدين مرتين في جرائم عنف

U

U.S. Securities and Exchange Commission: هيئة الأوراق المالية والتداولات الأميركية

U.S. Foreign Service: السلك الدبلوماسي للولايات المتحدة الأمريكية

Unbroken possession: حيازة مستمرة

Unconditional and irrevocable retention bank guarantee: ضمان بنكي نهائي وغير مشروط للدفعة المستبقاة

Under a triple bottom line policy: - وفقاً للسياسة ثلاثية المعايير (المالية والبيئية والاقتصادية)

Under common control with the company: تحت السيطرة المشتركة مع تلك الشركة

Under common control with: خاضعة لسيطرة مشتركة مع

Under declaration of the master community: بموجب بيان المجمع الرئيسي

Under the provisions of code of civil procedure section: بموجب أحكام قانون الإجراءات المدنية

Under the remit: تخضع لنطاق اختصاص أو تقع ضمن مسؤولية

Undertaking of the company: تعهدات الشركة

Fraudulent competition: المزاحمة الإحتيالية

UNIDROIT Principles of International Commercial Contracts: مبادئ المعهد الدولي لتوحيد القانون الخاص المتعلقة بالاتفاقيات/العقود التجارية الدولية

Uniformed groups: المجموعات النظامية أو الموحدة

Unincorporated body: هيئة فردية / غير مندمجة / هيئة ليست ذات شخصية اعتبارية

Unit employees: عمال الوحدة/المؤسسة

Unless the company informs that it's unable: ما لم تقدم الشركة إخطارًا بعدم قدرتها

Upon expiration or sooner determination: عند انتهاء أو إلغاء العقد مبكرا

Upon renunciation: وبناءا على هذا التنازل أو عند التنازل

Upstream research: البحث الأولي

US Customs Deferred Payment on Alcoholic Beverages Legislation: التشريع الخاص بسداد الرسوم الجمركية الأمريكية المؤجلة على المشروبات الكحولية

V

Valuable security: أوراق مالية ذات قيمة

Verified complaint: شكوى مضبوطة/مثبتة/مصدّقة

Vertically integrated monopoly: الاحتكار ذو التكامل الرأسي

Vessel-based employees: الموظفون/العاملون على ظهر السفن

Victim continuity office: مكتب رعاية/متابعة ضحايا الجريمة

Victim Information and Advice Officer: موظف الاستعلامات والمشورة للضحايا

Victimless crime: جريمة بلا ضحايا

Violator of custody: مخالف لاتفاق الحضانة

Visitors center: مركز الزوار

Voluntary manslaughter and involuntary manslaughter: القتل العمد و القتل الخطأ

Voluntary placement agreement: اتفاق الإيداع الاختياري

Voluntary separation and property settlement agreement: اتفاق الانفصال الطوعي وتسوية الممتلكات

Vulnerable to cyber intrusion: مستهدف للاختراق عبر الانترنت

W

Waive and release: يسقط ويتنازل

Waive notice: التنازل عن حق الإخطار

Waiver of notice and first meeting of the board of directors: التنازل عن إشعار لاحق بالاجتماع الأول لمجلس الإدارة

Walk in, walk out basis: البيع بدون اجراء جرد

Ward number: حي/دائرة رقم

Wards of court: أطفال قُصّر تحت وصاية المحكمة

Warning letter: خطاب إنذار

Waterfall payment: دفع الديون والفوائد حسب أهميتها

Website availability: نسبة توافر الموقع على الشبكة/ توفر الموقع على الشبكة

Welfare recipient: متلقي الإعانة /الخدمات الاجتماعية المستفيد من المعونة أو الإعانة الاجتماعية

Whereof an act being required: - حيثما يطلب التوثيق (لهذه المسألة) -

With all reserves: مع حفظ كافة الحقوق أو مع كافة التحفظات

With our full sense and authenticity, and legal capacity: بكامل قوانا العقلية وأهليتنا القانونية

With respect to shares of: فيما يتعلق بحصص

With whom the arrangement is made: مع الذي يتم الإتفاق معه

Withholding tax: ضريبة مخصومة من المنبع

Without credit: مع عدم إحتساب

Without limitation state and local privilege: دون وجود حد لامتيازات الولاية وللامتيازات المحلية

Without prejudice: دون الإخلال ب

Without proof or conditions: بدون تقديم إثباتات/أوراق ثبوتية أو بدون شروط

Without such consent: بدون هذه الموافقة أو بدون الحصول على هذه الموافقة

Without your being heard: بدون سماع مرافعتك

Witness invested: تم هذا الإشهاد

Witness my hand and my official seal: أشهد على صحته بموجب توقيعي والختم الرسمي

Witness my hand and the official seal of my office: مصدقاً على ذلك بتوقيعي وخاتم مكتبي

WOLF system: نظام الفلترة القانونية للمحتوى الشبكي

Work around: حل مؤقت

Work furlough: إجازة بدون راتب أو إجازة عمل غير مدفوعة الأجر

Work made for hire: أصول/أعمال فكرية مملوكة للشركة أو لرب العمل

Work permits: تصاريح العمل

Working ability: مهارته في العمل /قدرته على العمل

Working basis: أساس العمل

Working Connections Child Care: برنامج رعاية الطفل للأقارب العاملين

Working days: أيام العمل

Work-product doctrine: امتياز ناتج العمل أو مبدأ حماية المنتجات

Works releases: الأعمال المنجزة/ المنتهى منها

World class provider: مقدم خدمة من الطراز العالمي/على مستوى عالمي

Writ of execution notice: إشعار / إخطار بأمر التنفيذ

Written advocacy: المرافعة الخطية أو المكتوبة

Wrongful eviction: الإخلاء (الطرد) الظالم / الجائر / غير الشرعي

Wrongfully denied: مُنع بصورة غير قانونية / مُنع دون وجه حق

Y & Z

Your unit franchisees: أصحاب امتياز الوحدة الخاصة بكم

Zero-tolerance policy: سياسية عدم التهاون أو سياسة لا هوادة فيها

Some glossary sources consulted

Below you will find a list of key translation sources which were consulted for clarification of law terms. A number of these sources are also very helpful for translating terms in other fields, especially Business, Finance and the Environment.

www.investopedia.com

www.justice.gov.uk

www.lawinsider.com

https://www.lexisnexis.com

www.linguee.com

https://ludwig.guru/

www.trans-lex.org

www.usa.gov/federal